DE ZIN VAN ONS LEVEN

UITGEVERIJ ORTHODOX LOGOS

DE ZIN VAN ONS LEVEN

Archimandriet Adriaan (Korporaal)

Eerder gepubliceerd in:
Orthodox Klooster Sint Jan de Doper
Den Haag

© Uitgeverij Orthodox Logos, Nederland 2025
www.orthodoxlogos.com

ISBN: 978-1-80484-213-3

Niets uit deze uitgave mag worden verveelvoudigd en/of openbaar gemaakt door middel van druk, fotokopie, microfilm of op welke andere wijze ook zonder voorafgaande schriftelijke toestemming van de uitgever.

Archimandriet Adriaan (Korporaal)

DE ZIN VAN ONS LEVEN

UITGEVERIJ ORTHODOX LOGOS

IJdelheid der ijdelheden: alles is ijdelheid.
Prediker 1:2

Hoe groot zijn Uw werken, o Heer,
Gij hebt alles met wijsheid gemaakt.
Psalm 103:24

OVER DE ZIN VAN ONS LEVEN

De beklemmendste vraag, die zich onweerstaanbaar aan ons opdringt wanneer we tot de jaren van het denken gekomen zijn, is wel: Wat is de betekenis van alles wat bestaat; welke zin heeft het vaak zo ontstellend wrede leven; wat zie ik in mijn eigen bestaan, dat zo vluchtige bestaan gedurende enkele jaren in de onafzienbare zee van de in oneindigheid voortstromende tijd, in een uithoekje van de zich naar alle zijden eindeloos uitstrekkende ruimte? We zien hoe mensen omspringen met deze aarde en met elkaar, en ook hoeveel er in kortzichtige domheid vernietigd wordt. En tot onze ontsteltenis zien we hoe er mensen zijn, die er vreugde in vinden om anderen te kwellen over wie zij macht hebben. En we zien ook in onszelf, hoe beperkt onze mogelijkheden zijn, hoe vaak we tekort schieten in wat de ander met reden van ons zou mogen verwachten.

Maar zelfs wanneer ons leven vervuld is met voldoening, wanneer we liefhebben en bemind worden, wanneer we werken aan iets dat we van belang achten en dat we mogen dienen, dan zien we nog hoe dit alles niet meer is dan een rimpeling in de menselijke zee: weldra uitgedoofd en spoorloos verdwenen. Om dit alles bevangt ons moedeloosheid, een moedeloosheid die zelfs over de grootsten onder ons komt, wanneer het tij laag staat in hun leven. Zo moet Joannes de Doper zich gevoeld hebben toen hij gevangen zat door de wraakzucht van een oosters despootje die bang was voor zijn vrouw; en hij stuurde zijn leerlingen naar Christus met de bange vraag wat of er nog te verwachten viel.

Maar het geldt voor ieder van ons. Ons leven wordt getekend door het onvermurwbaar voortschrijden van de tijd. Er is geen enkele vastheid, alles is in onophoudelijke beweging, elke grootse beleving duurt slecht een afgepast aantal ogenblikken en gaat dan weer verloren in de onstuitbare stroom van de tijd. Elk leven is op weg naar de dood, elk bewustzijn verdwijnt in vergetelheid. We zijn speelbal van het lot, van de omstandigheden, van de beperkingen van ons lichaam, van de zwakheden van ons karakter. Het lijkt allemaal zo overbodig: we worden meegesleurd in de ijzeren keten van oorzaak en gevolg; een toevallige kleinigheid kan heel ons verdere leven doen mislukken. Waarom moeten we gekweld worden met al het lijden dat ons en anderen overkomt, zonder dat we er enige reden voor zien?

Wanneer we alleen maar naar ons redenerend verstand zouden luisteren, dan zou er reden zijn voor het diepste pessimisme. Maar diep binnen ons is er een besef dat het voorgaande niet het hele verhaal is, dat het niet mogelijk is dat heel dit bestaan zonder zin zou zijn. Aarzelend leeft in ons het vermoeden dat ons leven deel uitmaakt van een grotere werkelijkheid, waarin het een beperkte doch zinvolle plaats bekleedt.

Op dit punt voltrekt zich in de meesten van ons een voortdurende strijd. Onze intuïtie zegt: En toch, ondanks alles is er een betekenis. Maar ons verstand houdt vol: dat is maar een wensdroom, je maakt jezelf wat wijs, het kan niet bewezen worden.

Mij lijkt dat hier het begin ligt van ons geloof: het gaat erom of wij vertrouwen stellen in die wens van ons hart. Daarbij kunnen we zelfs geholpen worden door ons verstand dat, wanneer het eerlijk is, heel goed de begrensdheid van zijn eigen werking kan zien. We maken dit mee op allerlei gebieden van het leven. Denk maar eens aan het gebied van de economie, een heel duidelijk voorbeeld. Het gaat om heel eenvoudige en tastbare zaken: productie, verbruik, ruilwaarde; dingen die geheel meetbaar zijn en waarvan alle gegevens voorhanden zijn in de statistiek. De onderlinge wisselwerkingen zijn logisch en duidelijk, maar zodra de kleine schaal van gezin of dorp verlaten wordt en we de zaak op landelijke of wereldschaal pogen te begrijpen, dan verliezen ook de schranderste koppen het overzicht. En wanneer er dan een kleine storing optreedt, zoals we die op het ogenblik beleven, komen de deskundigen met de meest tegenstrijdige adviezen, die kennelijk niet ingegeven zijn door echt inzicht, maar door persoonlijke vooringenomenheid. Maar ditzelfde verstand, dat zo kennelijk reeds te kort schiet, in zaken van weinig wezenlijk belang, werpt zich wel op als absolute scheidsrechter over de diepere zin van het leven en van de dingen, en spreekt luidkeels over blind toeval en volkomen zinloosheid.

Als dan de rationele pool van ons menselijk kenvermogen zo ontoereikend blijkt te zijn, is het misschien juist verstandig om zich niet te laten intimideren door de oppositie die het voert, maar ons af te vragen of er geen andere bron van kennis bestaat, een hogere wijsheid. Ook hier bieden zich vele wegen aan, die eveneens vaak met elkaar in strijd zijn; maar in de grond bezitten ze toch meer overeenstemming dan de rationalistische opvattingen.

Wanneer we de verschillende godsdiensten met elkaar vergelijken, zien we dat alleen het Christendom een werkelijk antwoord heeft op de brandende kwestie die ons bezighoudt. Terwijl alle andere niet verder komen dan het prediken van een min of meer stoïcijnse berusting, weten wij dat in Christus, God Zelf deel heeft willen hebben aan al de lotgevallen van ons aards bestaan.

Wie was immers Jesus Christus, de Man van Nazareth? Hij was niet maar een van de rondtrekkende predikers in een barbaarse uithoek van het romeinse Rijk, die in opstand kwam tegen de heersende verhoudingen en die een warm hart voor het volk toonde. Hij was ook meer dan de Messias, zoals die leefde in het bewustzijn van het uitverkoren volk, die vooral een politieke figuur zou zijn, een bevrijder van de romeinse overheersing. Hij was in werkelijkheid dé Messias, de Christus, de Gezalfde met Heilige Geest, de Heilige in de meest absolute zin van die woorden. Met een onvoorstelbaar zelfbewustzijn verklaarde Hij zichzelf tot de Zoon van God, de gelijke van de Vader. Dit ging dwars in tegen heel het joodse Gods-beleven, maar Hij was door zulk een uitstraling omgeven dat Hij ieder die werkelijk met Hem in aanraking kwam tot Zich trok, of tot een hevige afweerreactie bracht.

In Hem is God binnengetreden in ons mensenbestaan. Hij heeft niet alleen ons menselijk vlees op Zich genomen in Zijn oneindig verheven goddelijke Persoon, maar Hij heeft deel willen hebben aan heel de ellende van het menselijk lot. Omdat Hij geboren werd uit een ongehuwde Maagd, kwam Hij ter wereld in verdachte omstandigheden. Kort daarna moesten zijn ouders uit het land vluchten wegens de moordplannen van Herodes. Na hun terugkomst groeide Jesus op in de volkomen anonimiteit, als kind van een bouwvakker, misschien een kleine aannemer. Zijn vroege rijpheid bleek bij het bezoek aan Jerusalem, maar desondanks begon Hij pas vele jaren later, dertig jaar oud -ver voorbij de revolutionaire leeftijd- in het openbaar op te treden. Zijn neef, Joannes de Doper, leidde Hem in bij het gelovige volk.

Eerst is er een korte tijd van succes: op een woord van Hem lieten volwassen mannen gezin en broodwinning in de steek, om met Hem rond te trekken. Wanneer Hij ergens begon te spreken, trokken van heinde en ver de mensen naar Hem toe. Er was een geweldige spanning rond Hem: zieken werden genezen, blinden werden ziende, mismaakten werden recht van leden, zelfs doden kwamen weer tot leven. Maar wat duurde dit alles droevig kort! De joodse leiding stond vanaf het begin vol wantrouwen tegenover Hem, en dit wantrouwen ging al spoedig over in vijandschap. Maar ook het gewone volk, dat Hem zo enthousiast had aanvaard, vervreemdde Hij van Zichzelf door de onmogelijk hoge zedelijke eisen die Hij aan zijn volgelingen stelde. Soms keerde men zich zo heftig van Hem af dat Hij aan zijn naaste volgelingen vroeg of zij soms ook niet liever wilden weggaan. Alles wat Hij voor hen allen had gedaan, de wonderschone toespraken waarmee Hij hen aan het denken had gezet, de innerlijke vrijheid die Hij hun geschonken had, het warme medelijden dat Hij zo daadwerkelijk had betoond: alles wordt vergeten, want Hij vraagt heiligheid. Welk een diepe teleurstelling moet Hij hebben gevoeld!

Maar nog dieper wordt Hij omlaag getrokken in het mensenlot: er wordt geïntrigeerd, stelselmatig wordt Hij belachelijk gemaakt, allerlei groeperingen overwinnen hun onderlinge vijandigheid om het Hem gezamenlijk lastig te maken. De afkeer wordt steeds sterker, gaat over in haat. Hij moet verdwijnen, weggevaagd worden. De bezettende macht wordt gebruikt om hun kleinzielige wraakplannen ten uitvoer te brengen; en nauwelijks een jaar na Zijn eerste optreden wordt Hij als oproerling ter dood gebracht, op de meest onterende en wreedste wijze die daartoe was uitgedacht.

Niet alleen het volk, maar ook Zijn uitgekozen vrienden laten Hem in de steek, ja, Hij wordt door een van hen verraden voor een fooi. Wanneer ooit van een voortijdig einde gesproken kon worden, dan wel hier. God als mens heeft Zichzelf niets bespaard: Hij is neergedaald in heel de diepte van het lot dat mensen treffen kan. Maar uit die diepte van totale vernedering en vernietiging is Hij weer opgestaan; en sindsdien leven wij in een andere wereld.

Een andere wereld, niet omdat het mensenlot veranderd is, maar omdat de zin van dit lot zichtbaar geworden is. Want wanneer God Zelf dit lot op zulk een consequente wijze heeft willen ondergaan, dan kan dit niet zinloos zijn, hoezeer die zin ook voor onze zo kortzichtige ogen verborgen blijft. Christus zelf brengt dit onder woorden in een zin die op zichzelf onbegrijpelijk is, maar die toch een waarachtige sleutel vormt voor ons begrip: "Moest de Christus dit alles niet lijden, om zo Zijn heerlijkheid binnen te gaan?" (Lc.24:26)

Voor het eerst zien we nu een werkelijk antwoord op het probleem van het lijden, op het eeuwig 'waarom?' dat ons zo wanhopig maakt. Waarom worden sommige mensen door de ouderdom neergehaald tot het niveau van een onverantwoordelijk kind? Waarom die onttakeling van die eens zo bloeiende geest? Waarom moeten sommigen door smartelijke ziekten tot een staat van volkomen hulpeloosheid vervallen? Waarom kunnen wij diep in onze menselijkheid beschadigd worden door de eerste de slechtste ploert met meer spierkracht of een wapen? Waarom wordt het aan beulen toegestaan om hun sadisme bot te vieren op geheel onschuldige en weerloze slachtoffers? Wanneer God liefde is, waarom laat Hij dan zulke dingen toe? Waarom leven wij in welstand, terwijl een groot deel van de mensheid gebrek lijdt? Waarom hebben zoveel mensen, en hele groepen van mensen, in het leven geen enkele kans op geluk?

Wij, die Christus kennen, hebben een verlossend antwoord ontvangen, niet uit ons menselijk denken dat voor een muur blijft staan, maar uit het handelen van God Zelf, waarover we zojuist hebben nagedacht. Het lijden blijft, maar de wanhoop is weggenomen. We zijn niet meer in die uiterste eenzaamheid wanneer een zwaar lijden ons overvalt, want naast ons is de gekruisigde God, Die ook het wanhopigste lijden zal gebruiken tot heerlijkheid. Waarlijk, 't Evangelie draagt met recht die naam: Goede Boodschap.

Het is een antwoord dat rechtstreeks gaat naar ons hart, het past daar als de juiste sleutel in een ingewikkeld slot. Ons eigen binnenste zegt ons dat dit antwoord wáár moet zijn, dat het geen illusie is, dat geen mens zoiets kan uitdenken en met kracht verkondigen. Voor ons verstand lijkt het absurd, het is in strijd met Iedere verstandelijke definitie die we over God kunnen opstellen. Alleen de liefde, een oneindige liefde, is tot zoiets in staat.

Maar wanneer we dit als waarheid aanvaarden, dan is heel de wereld, heel ons bestaan, volkomen veranderd; want dan berust ook heel de prediking van Christus op waarheid. Dan is Zijn heilige macht bij ons aanwezig tot aan de voleinding der tijden. Dan zijn wij met Hem verbonden zoals de ranken met de wijnstok. Dan is Hij het hoofd van het lichaam waarvan wij de ledematen zijn. Dan zijn wij geen geïsoleerde individuen meer in een vijandige maatschappij, maar een levend netwerk van persoonlijke betrekkingen in een van zin vervulde werkelijkheid.

Laten we deze werkelijkheid eens wat nader beschouwen, zoals we die leren zien in de heilige Schrift en in de kerkelijke gebeden. Ik geloof dat het juist voor ons, in onze tijd, bijzonder nuttig is om te beseffen dat we voor God staan, niet alleen als individu, maar als levend deel van een gemeenschap. Deze boodschap vinden we telkens opnieuw in de Schrift en het kerkgebed, maar misschien dringt dit beter door tot ons bewustzijn wanneer we bedenken hoezeer dit reeds waar is op natuurlijk en lichamelijk gebied.

Wat is eigenlijk die 'ik' waar we zozeer van vervuld zijn? Ons bewuste leven is geheel opgesloten en ingeperkt in dat enkele ogenblik van het geheimzinnige NU; het 'nu' dat onweerhoudbaar vervloeit naar een nog slechts in de herinnering bestaand verleden, en dat vervangen wordt door een volgend 'nu'. Maar het besef van eigenheid houden we vast: de onsamenhangende herinneringen uit onze kinderjaren, aangevuld met de verhalen die we erover gehoord hebben van anderen, behoren onvervreemdbaar tot ons 'ik'. Wat we hebben ervaren tijdens onze opgroei van jeugd tot volwassen mens, wordt zonder enige aarzeling aanvaard als nog steeds bestaand in onze eigen persoon, terwijl er -natuurwetenschappelijk gesproken- misschien geen atoom van ons lichaam nog hetzelfde gebleven is. We kennen het oppervlak van ons lichaam van haver tot gort, we herkennen het blijvende litteken van kleine beschadigingen die we als kind hebben opgelopen, terwijl we tegelijkertijd ervaren hoe alles aan dit lichaam groeit en verandert en verwisselt. Tonnen voedsel zijn door ons lichaam getrokken: ze zijn omgezet in levend vlees en daarna weer verdwenen. Voor ons geestesoog kunnen we oproepen een aantal stromingen van voedsel en lucht en water, die elkander kruisen, een ogenblik met elkaar verknoopt raken, en dan in andere vorm weer verder gaan. En dat tijdelijk knooppunt in die onophoudelijk wisselende stromen dat ben 'ik', met heel mijn zelfbewustzijn, met mijn eigenaardigheden, mijn talenten, mijn betrekkingen tot anderen, mijn karakter, mijn levenslot.

Het is goed zich over zulke dingen te verwonderen: zo krijgen we meer vat op de werkelijkheid waarin wij leven, en die veel verrassender is dan wat we zonder nadenken menen waar te nemen. En dan vragen we ons af: wat is toch dat eigenaardige knooppunt in de stroom der dingen? Waardoor bezit het zo'n vast karakter, zulk een stabiele individualiteit? Het is niet een bepaald stuk materie, want niets van die materie blijft permanent aanwezig. Er is alleen maar een bepaald patroon dat al die materie vastgrijpt, rangschikt, omvormt tot iets volkomen anders, en dan weer afscheidt. Met ons denken staan we hier voor een volkomen raadsel, het is in flagrante strijd met alle natuurkundewetten die ons gezonde verstand kan uitdenken. Maar omdat het volkomen opgenomen is in de dagelijkse gang van zaken, verwonderen we er ons niet meer over en zien we niet meer hoe ongelooflijk dit alles is.

In feite is de toestand nog merkwaardiger. We zijn een geheel eigensoortig, bepaald individu, onverwisselbaar met welke andere mens dan ook op aarde. En toch herkennen we in onszelf stukken van onze ouders, van andere familieleden. Ouderen zien in ons eigenaardigheden van een voorgeslacht dat we zelf niet eens gekend hebben. We zijn niet alleen maar onszelf, in ons leeft iets van de vele anderen die aan ons zijn voorafgegaan; en ook wijzelf zullen deelsgewijs voortleven in anderen die uit ons geboren zijn.

Laten we eens de levensstroom volgen, die vanuit de tijd in ons uitmondt: we hebben twee ouders, vier grootouders, acht overgrootouders: elk geslacht terug verdubbelt het aantal. In twintig geslachten, slechts enkele eeuwen, hebben we reeds een millioen voorouders die op een of andere wijze in ons aanwezig zijn. En wanneer we kinderen hebben, dan zal ná ons een dergelijke reeks tevoorschijn komen. Weer diezelfde figuur als hierboven: de bestaande mens als knooppunt van een netwerk van levensstromingen, waar we een onontwarbaar deel van uitmaken.

Zo zien we dat reeds de stoffelijke eigenschappen van ons zijn maar zeer ten dele verklaard kunnen worden uit de stof waaruit we telkens voor een korte tijd bestaan.

Er is echter nog een ander aspect dat van belang is. We zagen in de geest die voedselstromen op ons afkomen, maar die ontstaan niet vanzelf zoals een rivier of de wind; ze zijn op hun beurt weer de knooppunten van een uitgebreid netwerk van menselijke betrekkingen. Wanneer we een hap brood in onze mond steken, laten we dan eens bedenken wat daaraan is voorafgegaan. Dat brood is meestal gesneden door iemand die ons liefdevol verzorgt. Het is gekocht bij een bakker, die daarmee weer zijn brood verdient. Die heeft het gebakken uit meel, afkomstig van de molenaar; met gist van de biochemische industrie; met water, waarvoor een hele organisatie aan het werk is om dat in goede kwaliteit te verschaffen; met zout, afkomstig uit het binnenste van de aarde. Op zijn beurt was dat meel weer gemalen uit tarwe, dat door de zorg van de boer is gegroeid op landbouwgrond, ver weg. Daarvoor heeft hij dit land moeten bewerken, koren moeten zaaien, onkruid, ziekten parasieten en rovers moeten bestrijden; daarbij rekening houdend met de omstandigheden van wind en weer, en van de stand van het gewas. Daarna moest het graan worden geoogst, gedorst, vervoerd en opgeslagen. Voor al deze bewerkingen zijn werktuigen nodig, die met grote kundigheid zijn ontworpen, gefabriceerd, gecontroleerd en onderhouden. Dat is weer onmogelijk zonder grondstoffen van allerlei aard, die slechts op bepaalde plaatsen gevonden kunnen worden, en waarvoor een grote mate van kennis nodig is om ze te vinden, tevoorschijn te brengen en te bewerken. En dit alles is alleen maar mogelijk wanneer ook de daartoe benodigde energie in de juiste vorm voorhanden is.

Dit voorafgaande geldt niet alleen voor ons voedsel, maar voor alles wat we gebruiken, wat we als mens nodig hebben. En daarbij gaat het niet alleen om wat we op dit ogenblik gebruiken, maar om alles wat is voorafgegaan om het mogelijk te maken dat die dingen op het juiste ogenblik aanwezig zijn. Elke graankorrel moet jaar op jaar zijn gezaaid en geoogst, in een ononderbroken opeenvolging, van voorgeslacht tot voorgeslacht, tot in het ondoordringbare duister van de prehistorie. Eens moet een mens, die misschien eerst graszaden verzamelde, op het idee gekomen zijn zelf te gaan zaaien. Dan moet de gedachte geboren zijn om telkens de rijkste aren te bewaren als zaaigoed, om daardoor een betere oogst te krijgen. De resultaten zullen waarschijnlijk niet onmiddellijk zichtbaar geweest zijn, afhankelijk als de opbrengst is van allerlei wisselvallige factoren. Maar de gedachte moet zo sterk geweest zijn dat men ermee is doorgegaan, van geslacht tot geslacht, met het uiterste geduld en standvastigheid, en zo moet ons vruchtbaar en veel eetbaarder graan tot stand zijn gekomen. Welk een geniaal observatietalent moet er nodig geweest zijn om die korrels te gaan malen, er deeg uit te bereiden, dit te laten gisten, en er dan brood van te bakken. Hoe intelligent moeten mensen geweest zijn, die wilde planten wisten om te kweken tot de verscheidenheid van groenten die ons gehemelte verheugen en onze gezondheid bevorderen.

Zo kunnen we allerlei draden volgen, die zich naar alle kanten vertakken, en dan weer met elkander verweven zijn in een hecht netwerk, dat zich voor ons innerlijk oog uitbreidt over de gehele aarde, met al haar levende wezens en al haar schatten die in de bodem, het water of de dampkring verborgen zijn. Een netwerk dat zijn krachten put uit de levenwekkende stralen van de zon.

Maar niet alleen onze stoffelijke behoeften en ons materiële bestaan zijn geheel opgenomen in dat levende vlies dat de aarde overdekt. In nog veel sterkere mate zien we die verbondenheid in onze intellectuele en sociale bezigheden, in al die dingen welke ons niet tot zo maar een levend iets, maar tot een mens maken. Wij denken, we gebruiken woorden, we spreken. We delen elkaar niet alleen maar onze behoeften maar ook onze gedachten mee. Dit spreken en denken hebben we met absolute noodzaak moeten leren van anderen, maar tegelijk ontwikkelen die zich ook in ons persoonlijk: we kunnen volkomen originele gedachten hebben, een geheel eigen gedachtenwereld ontwikkelen. En toch is die alleen maar mogelijk op de in gemeenschappelijkheid gelegde grondslag. Tot dit soort dingen behoort ook het schrift: hoe volkomen anders, en in veel opzichten, hoeveel armer zou ons leven zijn wanneer de mogelijkheid tot schriftelijke communicatie zou ontbreken. De mensheid bestaat mogelijk al 'n miljoen jaar of langer, maar al die tienduizenden geslachten van de prehistorie hebben op ons bewustzijn slechts een verwaarloosbaar kleine invloed vergeleken met die van de paar honderd geslachten na de uitvinding van het schrift.

Zo doemt langzamerhand voor ons geestesoog een immens geheel op van invloeden en stromen in ruimte en tijd, een oneindig verweven netwerk, niet alleen in lengte en breedte, maar ook in hoogte en diepte, waarin elk knooppunt een levend wezen is. Een onafzienbaar netwerk vanuit het verste verleden tot nu toe, en geheel open en zich richtend op de toekomst. En welk een huiveringwekkend grote intelligentie komt in dit netwerk tot uiting wanneer we bedenken dat elke kleinste cel reeds tot meer in staat is dan alle wetenschap van heel de mensheid, ook al zouden daaraan nog zulke onbeperkte middelen ten dienste gesteld worden. Met inspanning van alle krachten zijn de geleerden bezig om stapje voor stapje iets te ontraadselen van wat er allemaal gebeurt in zo'n cel; en elk opgelost probleem legt weer tientallen nieuwe vraagstukken bloot.

Deze intelligentie werkt onbewust, vanuit ons gezichtspunt a.h.w. automatisch, ofschoon we heel goed inzien dat zulke dingen niet maar 'vanzelf' kunnen gebeuren. Doch in het mensenverstand is iets van deze intelligentie zich van zichzelf bewust gaan worden. Hoe beperkt ons denkvermogen ook is, we zijn toch in staat om in zekere mate het geheel te overzien, buiten onszelf te treden, het heelal in ogenschouw te nemen in zijn oneindige uitgestrektheid, onze aarde te zien als een geheel, de tijd te beleven als een voortdurende stroming, en ons een voorstelling te maken van de ontwikkeling van de dingen. Wonderlijke vermogens komen in de mens tot uiting: we bezien elkander en het gelaat van de ander is voor ons vol uitdrukking; we beleven schoonheid in de natuur: de grootsheid van het hooggebergte, de lieflijkheid van een vruchtbaar heuvelland, het altijd wisselende spel van wind en golven aan het strand van de zee, de tot eerbied stemmende luister van een stralende sterrenhemel, de blijde lach van een kind, het oplichten van de ogen van een beminde wanneer onze blikken elkaar ontmoeten. We hebben scheppende vermogens van een eindeloze verscheidenheid: dingen die onze handen maken, zowel blijvende als vluchtige, en waardoor wij onze gevoelens op een ander kunnen overdragen, onafhankelijk van de stroom van de tijd; sommigen scheppen gedachtesystemen die de loop van de geschiedenis beïnvloeden; op allerlei gebieden brengen we schoonheid voort, die tot anderen komt langs verschillende zintuigen, en waardoor een beroep gedaan wordt op allerlei vermogens van hart en verstand.

Maar het beste van onze vermogens is misschien toch wel de verwondering, al is het helaas een zwak vermogen, dat heel gemakkelijk aan slijtage onderhevig is. Want de verwondering is het vermogen dat ons verheft boven de dierlijke vanzelfsprekendheid van de dingen. We vragen ons af hoe dit alles mogelijk is, waar het vandaan komt, wat erachter steekt. Door de verwondering gaan we het bestaande zien als een schepping, en daardoor komen we ook tot het bestaan van een Schepper. Er komt ruimte in ons voor het aanvaarden van een niet rechtstreeks waarneembare werkelijkheid. En naarmate we over de dingen nadenken, wordt die grotere werkelijkheid belangrijker voor ons. Er gaat iets in ons open, we worden ontvankelijk, er ontwikkelt zich een aanvoelen van wezenlijke waarden; we gaan luisteren naar andere woorden, die van buitenaf tot ons komen, en die resonneren met de diepste snaren van ons innerlijk. Er ontwikkelt zich dankbaarheid voor de grootse gestalte van de werkelijkheid waarvan wij deel mogen uitmaken: een dankbaarheid die kan standhouden, ook onder de hardste levensomstandigheden, zoals we zo ontroerend kunnen zien in het dagboek van de joodse Etty Hillesum. En wanneer we dan Christus ontmoeten, in zijn woord of in zijn Kerk, dan springt ons innerlijk op in blijde herkenning, en dan weten we dat we een Geliefde hebben gevonden.

Op een geheel nieuwe wijze komt nu het besef van gezamenlijkheid tot ontplooiing. We zien a.h.w. hoe door de Menswording van de Zoon van God, Deze is binnengetreden in, en een deel is geworden van heel dit menselijk netwerk. Reeds op stoffelijk gebied bestaat er nu een rechtstreekse verbinding met Hem door het feit van ons gezamenlijk mens zijn. Hoeveel te meer zullen we in de geest met Hem in betrekking staan, wanneer we het stoffelijk bestaande zien als beeld van de onzichtbare geestelijke werkelijkheid.

Ook op een andere vraag zien we nu het antwoord: de geheimzinnige levenskracht die de stromende stof grijpt en omvormt tot levende individuen, is de werkzaamheid van de Geest van God. En ook dit is natuurlijk op nog veel sterkere wijze waar op geestelijk gebied; daarom beschrijven de gebeden van de Kerk op bijzonder indringende wijze de volle werkelijkheid, wanneer ze telkens weer spreken over de 'levendmakende' Geest als de Derde Persoon van de heilige Drieëenheid. We beginnen iets te beseffen van wat dat betekent. De Heilige Geest is de centrale bron van ons bestaan, van ons levend-zijn, van ons mens-zijn, van ons Gods-kind zijn. Hij heiligt ons persoonlijk en tegelijk gezamenlijk. Hij is in werkelijkheid de band die ons met God en met de naaste en met de wereld verbindt. Hij is de levenskracht die ons gemoed verwarmt tot dankbaarheid en liefde, en Die ons verstand verlicht tot inzicht en wijsheid. Hij is het oneindig waardevolle geschenk uit de hand van Christus, zoals Hij ook tegelijkertijd Christus aanwezig doet zijn in onze harten en in ons samen Kerk-zijn. Door Hem bestaat het nietigste wezentje, zowel als de volheid van het heelal. Zijn bindende kracht maakt de chaos der stof tot de wondere dans der hemellichamen in de kosmos, en organiseert de stof van de aarde tot steeds complexere levende wezens, en uiteindelijk tot de zich van zijn bestaan bewuste mens. Hij legt in de mens het verlangen om de Schepper te danken en te verheerlijken voor zijn schepping: Hij maakt de mens tot een priesterlijk geslacht.

Nu kunnen we terugkeren tot de vraag over de zin van het leven, waarmee we begonnen zijn, want nu zien we heel duidelijk het antwoord. We vormen een levend en organisch deel van de schepping, voortgekomen uit de handen van een barmhartige Vader Die, uit de drang van zijn liefde, al het bestaande tot het zijn heeft gebracht, en Die zichzelf geheel en al met zijn menselijke schepselen vereenzelvigd heeft. We staan in die schepping, niet als een verzameling losse individuen, maar als levende ledematen van een gezamenlijk geheel dat ons draagt en waarvoor wij verantwoordelijkheid dragen. Wij hebben een opdracht: op de plaats waar wij geroepen zijn, een klein brandpunt te worden van die werking van God in de wereld; weer iets zichtbaar maken van de ikoon van God, waartoe de mens geschapen is; een stem te zijn die, in naam van de levenloze en onbewust levende natuur, de lof zingt van God die onze Vader is; een bron van warmte te zijn voor wie rond ons door de koude van een egoïstische wereld bevangen zijn; de schoonheid lief te hebben welke God in zoveel vormen aan de wereld geschonken heeft, ondanks alles; al onze krachten in te spannen voor wie in nood verkeren; tot God te schreeuwen voor hen die wij niet kunnen helpen in hun afgrijselijk lot; maar ook mee te voelen met het kleine lijden om ons heen, dat de mensen in zulk een bekrompen ruimte dreigt in te sluiten.

De taak is groots en vraagt onze volledige inzet, en altijd weer zullen we beseffen hoezeer we tekort schieten. Maar dan zullen we ons niet door wanhoop en moedeloosheid laten meeslepen, want Christus, onze God, is in waarheid de menslievende God, de Vriend der mensen. Zoals reeds de Psalm (102) zegt: Hij weet waarvan wij gemaakt zijn, en dat wij slechts uit stof bestaan. Uit weerbarstige en trage stof, uit vlees dat lui is en zich verzet. We willen wel veel maar we doen weinig. We zijn zo weinig attent, we merken zo weinig op. Dikwijls is er vlak bij ons een mens in nood en we zien het niet, omdat onze interesse op onszelf is gericht. Soms zien we wel iets, maar we sluiten ons af: we weten immers niet precies wat we er aan kunnen doen, en we hebben veel redenen om ons er niet mee te bemoeien en ons daarmee misschien onaangenaamheden op de hals te halen. Ongevraagde hulp is immers niet altijd welkom, de zaken liggen zo gecompliceerd, er zijn zoveel consequenties aan verbonden, je weet wel waar het begint maar niet waar het eindigt. En om werkelijk te kunnen helpen moeten we buiten ons eigen gedachtenkringetje stappen, moeten we ons werkelijk indenken in de ander.

Het behoort tot onze opdracht om vaak na te denken over onze verantwoordelijkheid, over wat wij op onze plaats kunnen doen. Laten we onze ogen oefenen om met innerlijke belangstelling te kijken naar de mensen om ons heen, niet uit nieuwsgierigheid, maar om hun noden en vreugden te kennen en daarin te delen. En vooral ook om hun manier van denken te doorgronden, zodat we de dingen kunnen zien uit het standpunt van de ander, want alleen dit is echte naastenliefde.

Wanneer we zo onszelf inspannen om niet meer ons eigen ik tot middelpunt te maken van onze gedachten, maken we langzamerhand onszelf gereed om een bruikbaar instrument te worden voor het werken van God in de kring om ons heen. Dat is het ideaal waar we naar toe moeten groeien, dan beantwoorden we aan de bedoeling die God met ons heeft, dan vervullen we onze plaats in het scheppingsplan, dan zien we de zin van ons bestaan, van ons lijden, van onze moeiten en inspanningen.

Zo te worden zal voor de meesten van ons geen plotselinge omkeer of bekering zijn, maar het langzaam groeiende resultaat van jarenlange inspanning. Dat kan niet anders, omdat we nu eenmaal zo gebouwd zijn. We staan onszelf het eerste in de weg, omdat we van nature nu eenmaal in onszelf zijn opgesloten. maar ons verlangen en ons bidden en onze krachtinspanning moet erop gericht zijn om van onszelf los te komen, om over onze begrensdheid heen te kijken, om de werkelijkheid van bovenaf te zien, zoals God die ziet, en niet -zoals wij dat steeds weer doen- vanuit ons benauwde perspectief. Dat is immers wat Christus van ons vraagt met sterke bewoordingen. We moeten ons eigen ik 'haten', zegt Hij zelfs, en daar sluit Hij dan ook nog het al te enge kringetje van onze huisgenoten bij in.

Wanneer we op deze wijze onszelf geweld aandoen, dan kunnen we groeien en dan zullen we ook betekenis hebben voor anderen, hetzij in kleine kring of op een groter gebied, naargelang onze levensroeping is.

Maar niettegenstaande dit alles komt toch weer de angst in ons op of we ons niet te gemakkelijk losmaken van die zee van lijden, welke de wereld overspoelt. Het hier gehouden betoog klinkt misschien heel aannemelijk, maar is het wel een rechtvaardiging dáárvoor dat wij nog een enkel ogenblik van geluk en genoegdoening zouden mogen kennen? Wanneer ik werkelijk zou aanvoelen wat zoveel van mijn broeders en zusters moeten ondergaan en verduren, kan ik dan nog maar één nacht gewoon slapen? Mag ik mezelf overgeven aan de rust van het gewone leven?

Inderdaad moet deze ongerustheid in ons wakker blijven en op een of andere manier uitdrukking vinden in ons leven. Ieder zal daar op persoonlijke wijze mee klaar moeten komen, anders zou het onmogelijk zijn om verder te leven.

Ik voor mij bedenk hoe Christus zelf daarmee heeft geleefd. Hij kende die beklemming en heeft daar ook over gesproken: Ik heb medelijden met de massa: ze zijn als schapen zonder herder. Deze beklemming moet deel uitgemaakt hebben van de overweldigende wanhoop die over Hem heensloeg in de Olijfhof, want het vooruitzicht van alleen maar zijn eigen lijden zou Hem niet zulk een panische angst hebben ingeboezemd. Maar tevens heeft Hij vaak toch heel ontspannen temidden van zijn vrienden geleefd. Hij had een open oog voor de schoonheid in de natuur en voor de kleine genoegens van het gewone leven, zoals we uit zijn verhalen zien. Ik denk dat dit voor Hem mogelijk was omdat Hij God werkelijk beleefde als Vader, niet alleen van Hemzelf, maar evenzeer van óns, zoals Hij ons ook leerde bidden. En wanneer wij, 'in onze slechtheid' zoals Hij zegt, toch medelijden hebben met de lijdenden en ongelukkigen, dan is immers het medelijden van God oneindig groter. Al zou een moeder haar kind vergeten, de vrucht van haar schoot, Ik zal u zeker niet vergeten, zo staat het al bij de profeet Jesaja. Met welk een barmhartige liefde zal Hij hen opvangen, die in folterende wanhoop uit het leven zijn weggerukt.

Waar wij dit lijden bestrijden kunnen, zullen we al onze krachten moeten inspannen om daar iets aan te doen. Maar wat buiten onze macht ligt, moeten we aan God overlaten; en Hij heeft aan zijn Zoon bewezen dat we dit ook met een gerustgesteld hart kunnen doen. Dat betekent niet dat we hen uit onze gedachten moeten verbannen, of zelfs maar loslaten. Juist naar de lijdenden moet onze liefde uitgaan, zij moeten in onze gedachten leven, voor hen moeten wij smeken tot God.

Dat is juist de reden waarom wij hen dagelijks gedenken in de Goddelijke Liturgie. Misschien is het waar dat oorspronkelijk de viering van de heilige Liturgie bedoeld was voor de zondag, maar in deze tegenwoordige wereld, waar de wreedheid en de onderdrukking op zulk een ontstellende wijze toenemen, willen we toch vaker op bijzondere wijze bij onze lijdenden aanwezig zijn. Juist in de heilige Liturgie wordt het lijden van de Zoon van God op geheimvolle, doch volkomen werkelijke wijze, in de wereld tegenwoordig gesteld. In onze geest kunnen we dan aanwezig zijn bij onze lijdende medemens, om dat lijden in te sluiten bij het Lijden van Christus, die immers daartoe vrijwillig zijn Bloed in een beulsdood heeft laten vergieten. Dan hebben we gedaan wat in ons vermogen ligt: we hebben de lijdende, temidden van zijn afschuwelijke eenzaamheid in de handen van zijn beulen, toch niet alleen gelaten. We weten dat God die mens in dat lijden nabij is, zelfs al beseft deze dit niet. En als medemens -en daardoor ook medeverantwoordelijk voor dat lijden- pogen ook wij enigszins daarbij te zijn, ook al kan de ander dit niet rechtreeks beseffen. Maar door dit pogen is er weer enige warmte binnengebracht in het mensenweefsel, en we mogen hopen dat dit op een innerlijke wijze aan die onbereikbaren ten goede zal komen. Moge God ons dit verlenen.

Archimandriet Adriaan

Uitgeverij Orthodox Logos

- *De Orthodoxe Kerk: Verleden en heden* – Jean Meyendorff
- *Biecht en communie* – Alexander Schmemann
- *Verliefd Zijn op het Leven* – Samensteller: Maxim Hodak
- *De Orthodoxe Kerk* – Aartspriester Sergei Hackel
- *De mensenrechten in het licht van het Evangelie* – Nicolas Lossky
- *Geboren in Haat Herboren in Liefde* – Klaus Kenneth
- *Hegoumena Thaissia van Leouchino: brieven aan een novice*
- *Het Jezusgebed* – Een monnik van de oosterse kerk
- *Gebedenboek Voor Kinderen: Volgens De Orthodox Christelijke Traditie*
- *Dagboek Van Keizerin Alexandra* – Keizerin Alexandra
- *Mijn ontmoeting met Archimandriet Sophrony* – Aartspriester Silouan Osseel
- *Stap voor stap veranderen* – Vader Meletios Webber
- *De Weg Naar Binnen* – Metropoliet Anthony (Bloom) Van Sourozh
- *Geraakt door God's liefde* – Klooster van de Levenschenkende Bron Chania
- *De Heilige Silouan de Athoniet* – Archimandrite Sophrony
- *The Beatitudes: A Pathway to Theosis* – Christopher J. Mertens
- *De Kracht van de Naam* – Metropoliet Kallistos van Diokleia
- *De Orthodoxe Weg* – Metropoliet Kallistos van Diokleia

- *Serafim van Sarov* – Irina Goraïnoff
- *Feesten van de Orthodoxe Kerk – een Leerzaam Kleurboek*
- *Catechetisch Woord over het Gebed van het Hart* – Aartspreiester Silouan Osseel
- *Naar de Eenheid?* – Leonide Ouspensky
- *Bidden Met Ikonen* – Jim Forest
- *Onze Gedachten Bepalen Ons Leven* – Vader Thaddeus Van Vitovnica
- *Alledaagse Heiligen En Andere Verhalen* – Archimandriet Tichon (Sjevkoenov)
- *Geestelijke Brieven* – Vader Jozef De Hesychast
- *Nihilisme* – Vader Serafim Rose
- *Gods Openbaring Aan Het Menselijk Hart* – Vader Serafim Rose
- *In De Kaukazus* – Monnik Merkurius
- *Terugkeer* – Archimandriet Nektarios Antonopoulos
- *Weest ook gij uitgebreid* – Archimandriet Zacharias (Zacharou)
- *Orthodoxie en de religie van de toekomst* – Vader Serafim Rose
- *Grégoire Krug – Notities van een Ikonenschilder*
- *De Orthodoxe Verering van Maria 'De Theotokos'* – De heilige John Maximovitch
- *Christus het nieuwe Paaslam* – Valentina Zander
- *Drieëndertig Dwazen om Christus* – Spyridon & Isidora
- *Our Orthodox Holy Family* – Deacon David Lochbihler, J.D.

- *Prayers to Our Lady East and West* – Deacon David Lochbihler, J.D.
- *The Joy of Orthodoxy* – Deacon David Lochbihler, J.D.
- *The Inner Cohesion between the Bible and the Fathers in Byzantine Tradition* – S.M. Roye
- *St. Germanus of Auxerre* – Howard Huws
- *Elder Anthimos Of Saint Anne's* – Dr. Charalambos M. Bousias
- *Orthodox Preaching as the Oral Icon of Christ* – James Kenneth Hamrick
- *The Final Kingdom* – Pyotr Volkov
- *From Manhattan to the Holy Mountain of Athos* by Thodoris Spiliotis

UITGEVERIJ ORTHODOX LOGOS

www.orthodoxlogos.com

www.ingramcontent.com/pod-product-compliance
Lightning Source LLC
Chambersburg PA
CBHW060345080526
44583CB00014B/1069